school - d Schuel   2
reis - d Reis   5
transport - dr Transport   8
stad - d Stadt   10
landschap - d Landschaft   14
restaurant - s Restaurant   17
supermarkt - dr Läbensmittellade   20
drankjes - s Getränk   22
eten - d Läbensmittel   23
boerderij - dr Buurehof   27
huis - s Huus   31
woonkamer - s Stubä   33
keuken - d Chuchi   35
badkamer - s Badzimmer   38
kinderkamer - s Chinderzimmer   42
kleding - d Chleidig   44
kantoor - s Büro   49
economie - d Wirtschaft   51
beroepen - d Brüef   53
werktuigen - d Werkzüüg   56
muziekinstrumenten - d Musiginstrumänt   57
zoo - dr Zolli   59
sporten - dr Sport   62
activiteiten - d Aktivitäte   63
familie - d Familiä   67
lichaam - dr Körpär   68
ziekenhuis - s Spital   72
noodgeval - dr Notfall   76
aarde - d Ärde   77
klok - d Uhr   79
week - d Wuche   80
jaar - s Johr   81
vormen - d Forme   83
kleuren - d Farbä   84
tegengestelden - d Gägeteil   85
cijfers - d Zahlä   88
Talen - d Sprache   90
wie / wat / hoe - wär / was / wie   91
waar - wo   92

Impressum
Verlag: BABADADA GmbH, Nedderfeld 112 , 22529 Hamburg
Geschäftsführer / Verlagsleitung: Harald Hof
Druck: Books on Demand GmbH, In de Tarpen 42, 22848 Norderstedt

Imprint
Publisher: BABADADA GmbH, Nedderfeld 112 , 22529 Hamburg, Germany
Managing Director / Publishing direction: Harald Hof
Print: Books on Demand GmbH, In de Tarpen 42, 22848 Norderstedt

school

d Schuel

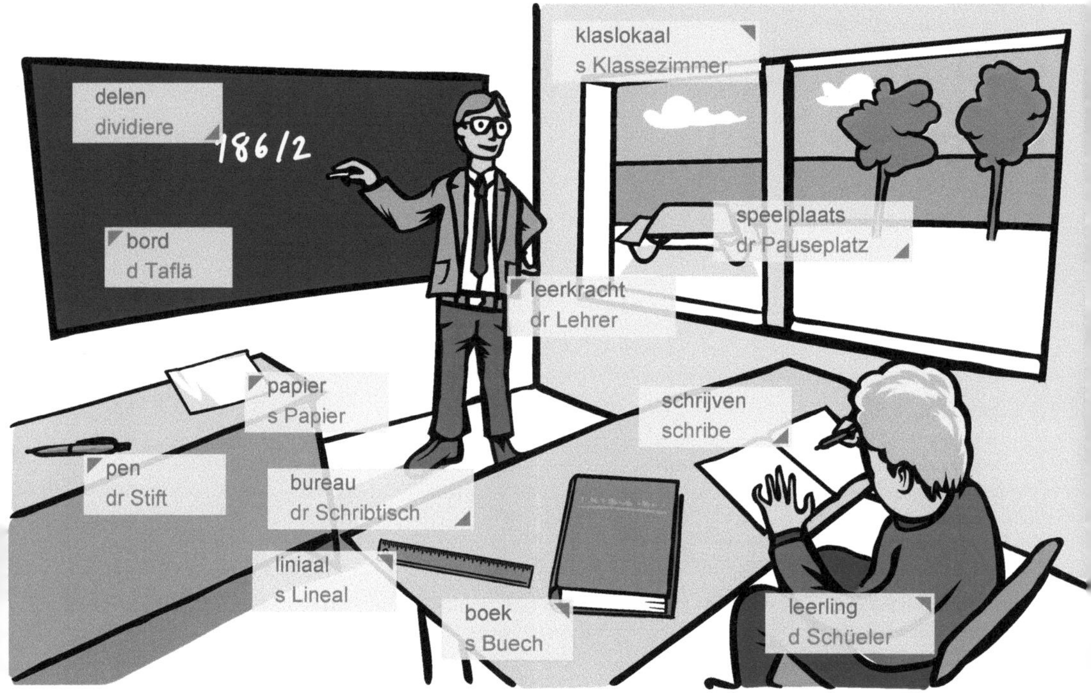

klaslokaal
s Klassezimmer
delen
dividiere
186/2
bord
d Taflä
speelplaats
dr Pauseplatz
leerkracht
dr Lehrer
papier
s Papier
schrijven
schribe
pen
dr Stift
bureau
dr Schribtisch
liniaal
s Lineal
boek
s Buech
leerling
d Schüeler

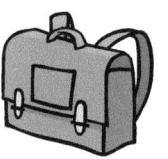

schooltas

dr Thek

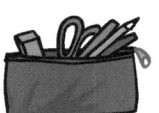

pennenzak

s Etui

potlood

dr Bleistift

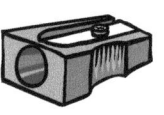

puntenslijper

dr Spitzer

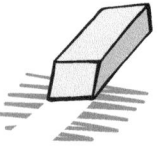

gom

s Radiergummi

tekenblok

dr Zeicheblock

tekening

d Zeichnig

verfborstel

dr Pinsel

verfdoos

dr Malchaschte

schaar

d Schär

lijm

dr Liim

werkboek

s Üebigsheft

huiswerk

d Huusufgabe

nummer

d Zahl

optellen

addiere

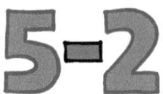

aftrekken

subtrahiere

vermenigvuldigen

multipliziere

rekenen

rächne

letter

dr Buechstabe

alfabet

s Alphabet

woord

s Wort

tekst

dr Text

Lezen

läse

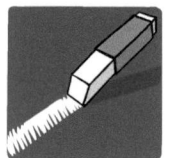

krijt

d Kriide

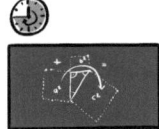

les

d Lektion

klassenboek

s Klassäbuech

examen

d Prüefig

certificaat

s Zügnis

schooluniform

d Schueluniform

onderwijs

d Usbildig

encyclopedie

d Enzyklopädie

universiteit

d Universität

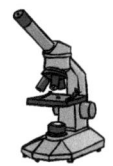

microscoop

s Mikroskop

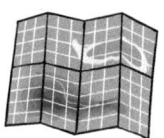

kaart

d Charte

papiermand

dr Papierchorb

reis

d Reis

Grand
hotel
s Hotel
jeugdherberg
d Härbärg
ROOMS
wisselkantoor
d Wächselstube
CHANGE
koffer
dr Koffer
auto
s Auto

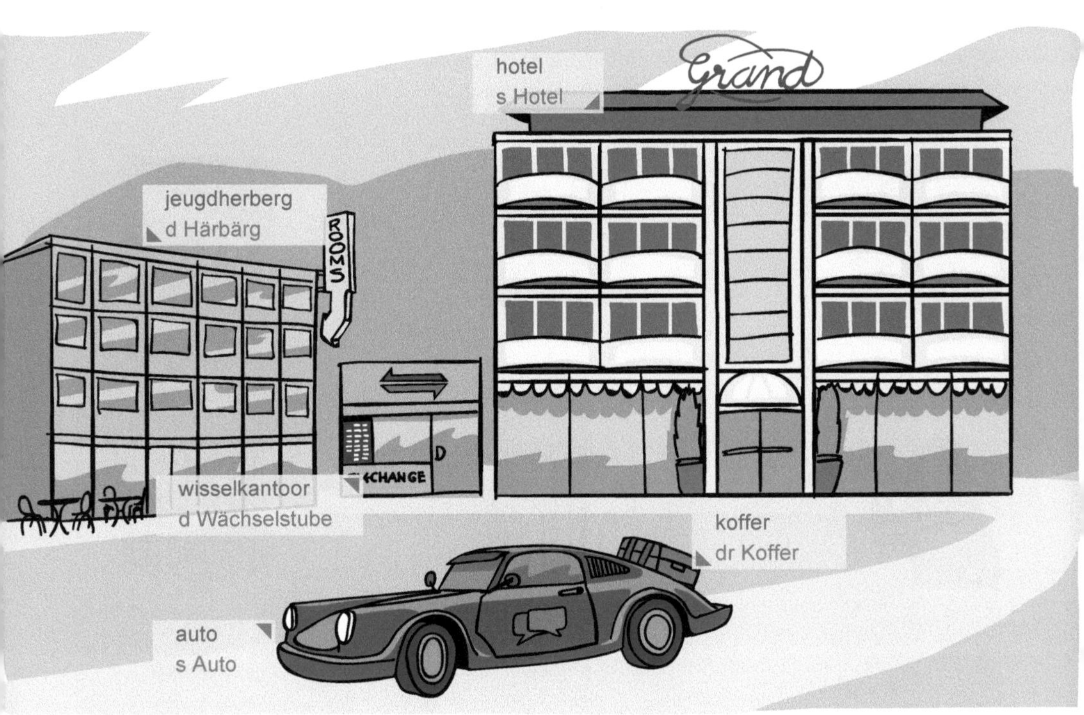

Taal

d Sprach

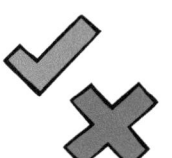

ja / nee

jo / nei

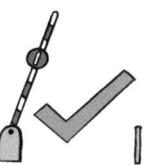

oké

okay

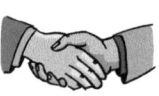

hallo

Hallo

vertaler

dr Dolmetscher

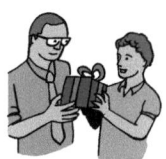

bedankt

Dankä

Hoeveel kost ...?

Was chostet...?

Ik begrijp het niet

Ich vrstahs nöd

probleem

s Problem

Goedenavond!

Guete Abig!

Goedemorgen!

guete Morgä!

Goedenavond!

guete Abig!

Tot ziens

Uf Wiederseh

richting

d Richtig

bagage

s Bagaasch

zak

d Täsche

rugzak

dr Rucksack

gast

dr Gast

kamer

dr Ruum

slaapzak

dr Schlafsack

tent

s Zält

toeristeninformatie

d Touristeninformation

strand

dr Strand

kredietkaart

d Kreditkarte

ontbijt

s Zmorge

lunch

s Zmittag

avondeten

s Znacht

ticket

s Billet

lift

dr Ufzug

postzegel

d Briefmarke

grens

d Gränze

douane

dr Zoll

ambassade

d Botschaft

visum

s Visum

paspoort

dr Pass

transport
dr Transport

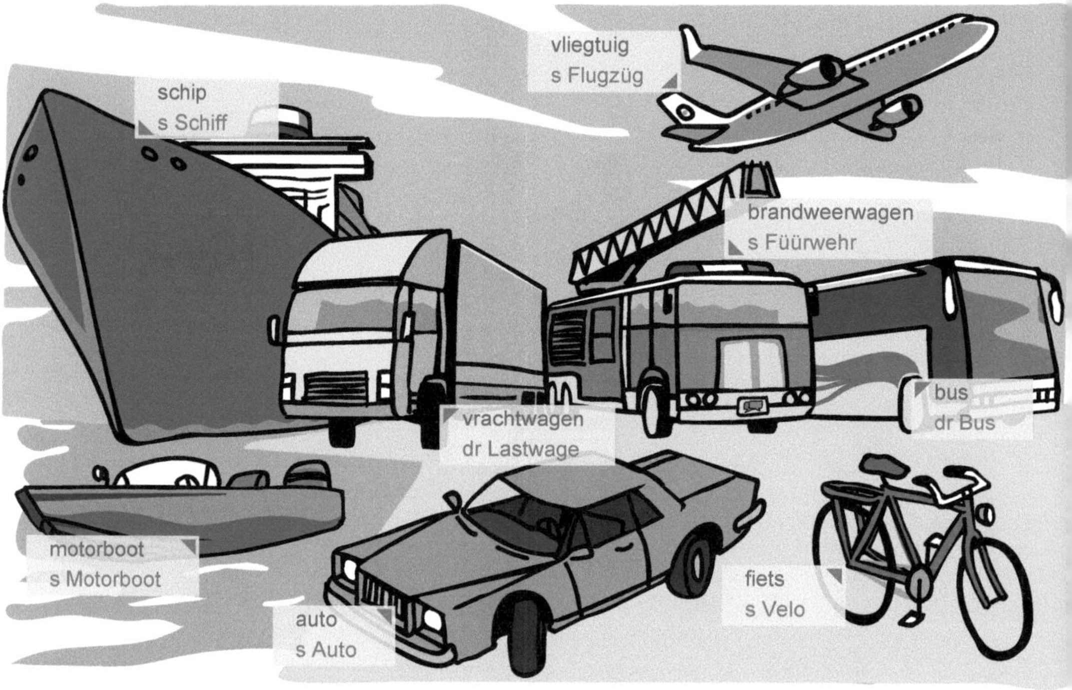
vliegtuig
s Flugzüg
schip
s Schiff
brandweerwagen
s Füürwehr
bus
dr Bus
vrachtwagen
dr Lastwage
motorboot
s Motorboot
fiets
s Velo
auto
s Auto

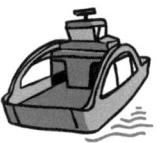

veerboot

d Fähri

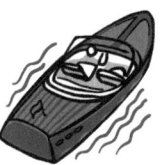

boot

s Boot

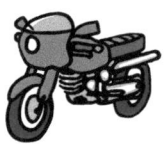

motor

s Töff

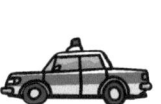

politiewagen

s Polizeiauto

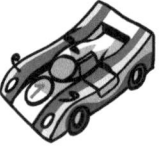

racewagen

s Rännauto

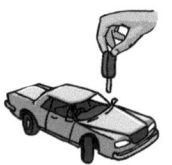

huurauto

dr Mietwage

carpoolen

s Carsharing

sleepwagen

dr Abschleppwage

vuilniswagen

dr Chübelwage

motor

dr Motor

benzine

s Benzin

benzinestation

d Tankstell

verkeersbord

s Verkehrsschild

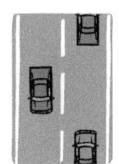

verkeer

dr Verchehr

file

dr Stau

parkeerplaats

dr Parkplatz

station

dr Bahnhof

sporen

d Schiene

trein

dr Zug

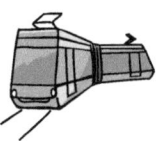

tram

d Strassebahn

wagon

dr Wagon

helikopter

dr Helikopter

luchthaven

dr Flughafe

toren

dr Tower

passagier

dr Passagier

container

dr Container

karton

dr Karton

kar

dr Chare

mand

dr Korb

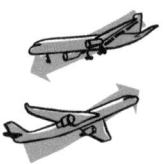

opstijgen / landen

starte / lande

stad

d Stadt

dorp

s Dorf

stadscentrum

s Stadtzentrum

huis

s Huus

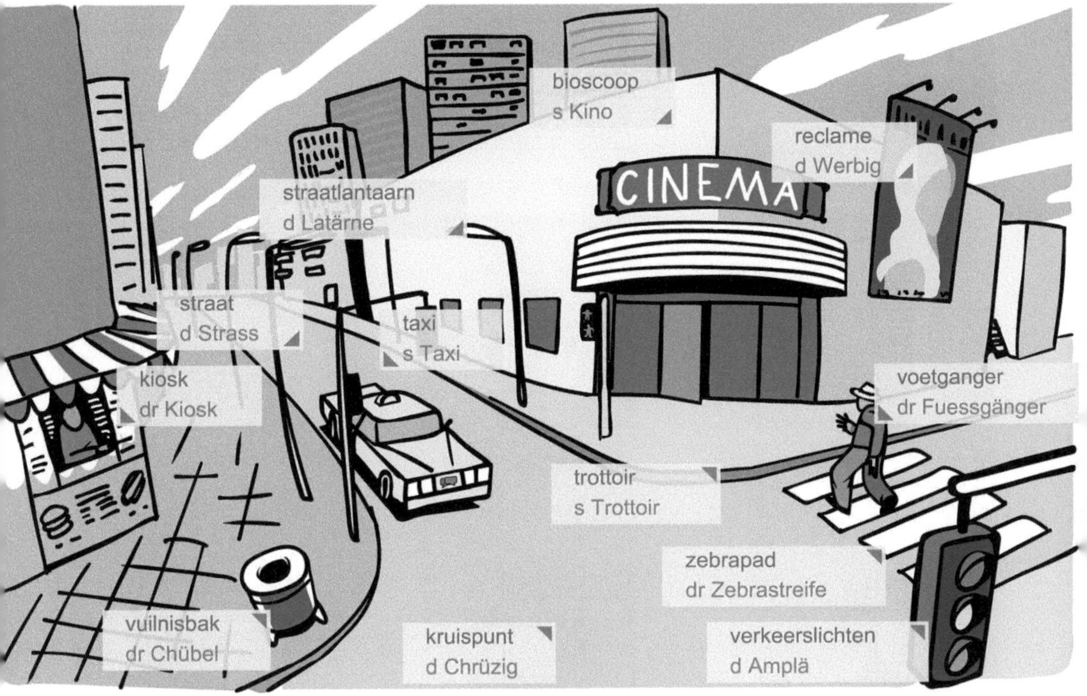

bioscoop
s Kino
reclame
d Werbig
CINEMA
straatlantaarn
d Latärne
straat
d Strass
taxi
s Taxi
kiosk
dr Kiosk
voetganger
dr Fuessgänger
trottoir
s Trottoir
zebrapad
dr Zebrastreife
vuilnisbak
dr Chübel
kruispunt
d Chrüzig
verkeerslichten
d Amplä

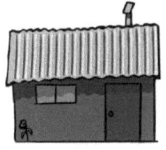

hut

d Hütte

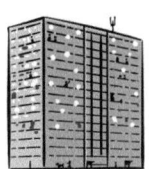

woning

d Wohnig

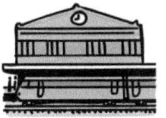

station

dr Bahnhof

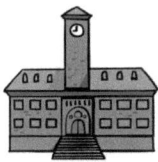

stadshuis

s Gmeindshuus

MUSEUM

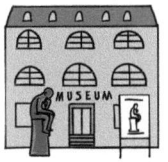

museum

s Museum

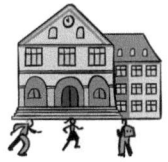

school

d Schuel

universiteit

d Universität

bank

d Bank

ziekenhuis

s Spital

hotel

s Hotel

apotheek

d Apotheke

kantoor

s Büro

boekwinkel

s Buechgschäft

winkel

s Gschäft

bloemenwinkel

dr Bluemelade

supermarkt

dr Läbensmittellade

markt

dr Märt

warenhuis

s Chaufhuus

vishandelaar

dr Fischhändler

winkelcentrum

s Iihkaufszentrum

haven

dr Hafe

park
....
dr Park

bank
....
d Bank

brug
....
d Brugg

trap
....
d Stäge

metro
....
d U-Bahn

tunnel
....
dr Tunnell

bushalte
....
d Bushaltestell

bar
....
d Bar

restaurant
....
s Restaurant

brievenbus
....
dr Briefchastä

straatnaambord
....
s Strasseschild

parkeermeter
....
d Parkuhr

zoo
....
dr Zolli

zwembad
....
d Badi

moskee
....
d Moschee

boerderij
dr Buurehof

milieuverontreiniging
d Umwältvrschmutzig

kerkhof
dr Fridhof

kerk
d Chile

speelplaats
dr Spielplatz

tempel
dr Tämpel

landschap
d Landschaft

blad
s Blatt

wegwijzer
dr Wägwijser

weg
dr Wäg

weide
d Wise

steen
dr Stei

boom
dr Baum

wandelaar
dr Wanderer

rivier
dr Fluss

gras
s Gras

bloem
d Bluamä

vallei

s Tal

heuvel

dr Bärg

meer

dr See

bos

dr Wald

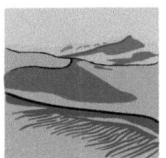

woestijn

d Wüeschti

vulkaan

dr Vulkan

kasteel

s Schloss

regenboog

dr Rägeboge

paddenstoel

dr Pilz

palmboom

d Palme

mug

dr Moskito

vlieg

d Fliege

mier

d Ameise

bijl

s Biendli

spin

d Spinne

kever

dr Chäfer

kikker

dr Frosch

eekhoorn

s Eichhörnli

egel

dr Igel

haas

dr Haas

uil

d Üle

vogel

d Vogu

zwaan

dr Schwan

wild zwijn

s Wildschwein

hert

dr Hirsch

eland

dr Elch

dam

dr Damm

windturbine

d Windturbine

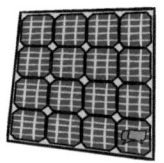

zonnepaneel

dr Sunnekollektor

klimaat

s Klima

landschap - d Landschaft

restaurant

s Restaurant

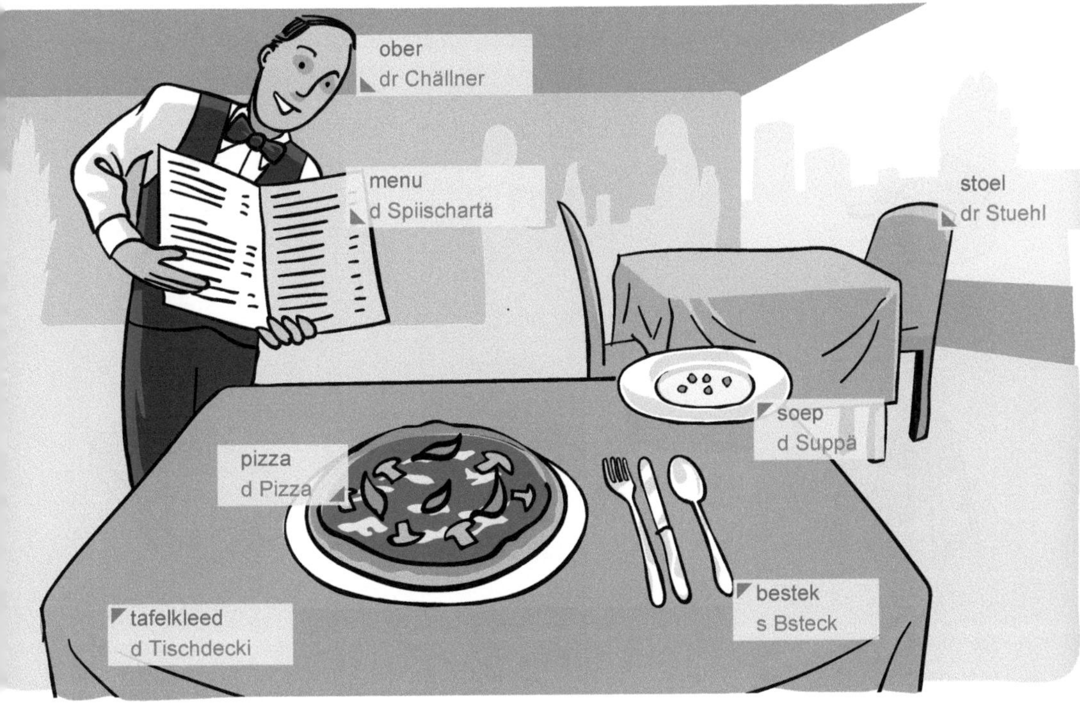
ober
dr Chällner
menu
d Spiischartä
stoel
dr Stuehl
soep
d Suppä
pizza
d Pizza
bestek
s Bsteck
tafelkleed
d Tischdecki

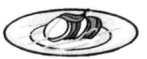

voorgerecht

d Vorspiies

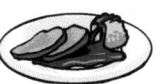

hoofdgerecht

s Hauptgricht

nagerecht

s Dessert

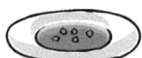

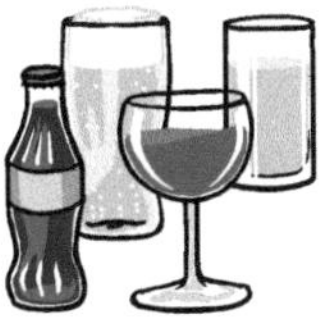

drankjes

s Getränk

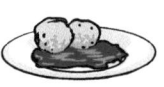

eten

d Läbensmittel

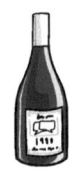

fles

d Fläsche

fastfood

s Fast Food

street food

s Street Food

theepot

d Teechanne

suikerpot

d Zuckerdosä

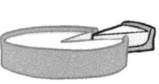

portie

d Portion

espressomachine

d Espressomaschine

kinderstoel

dr Hochstuehl

rekening

d Rächnig

dienblad

s Tablett

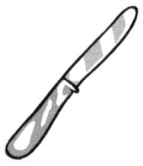

mes

s Mässer

vork

d Gable

lepel

dr Löffel

theelepel

dr Teelöffel

serviette

d Serviette

glas

s Glas

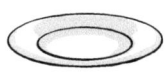

bord

dr Täller

soepbord

dr Suppetällär

schoteltje

d Untertasse

saus

d Sose

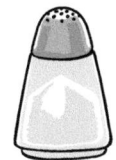

zoutvatje

dr Salzstreuer

pepermolen

d Pfäffermühli

azijn

dr Essig

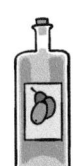

olie

s Öl

kruiden

d Gwürz

ketchup

ds Ketchup

mosterd

dr Sänf

mayonaise

d Mayonnaise

supermarkt
dr Läbensmittellade

aanbieding
s Ahgebot
FOR
klant
dr Chund
zuivelproducten
d Milchprodukt
fruit
d Frücht
winkelwagen
dr lichaufswage

BUTCHERS

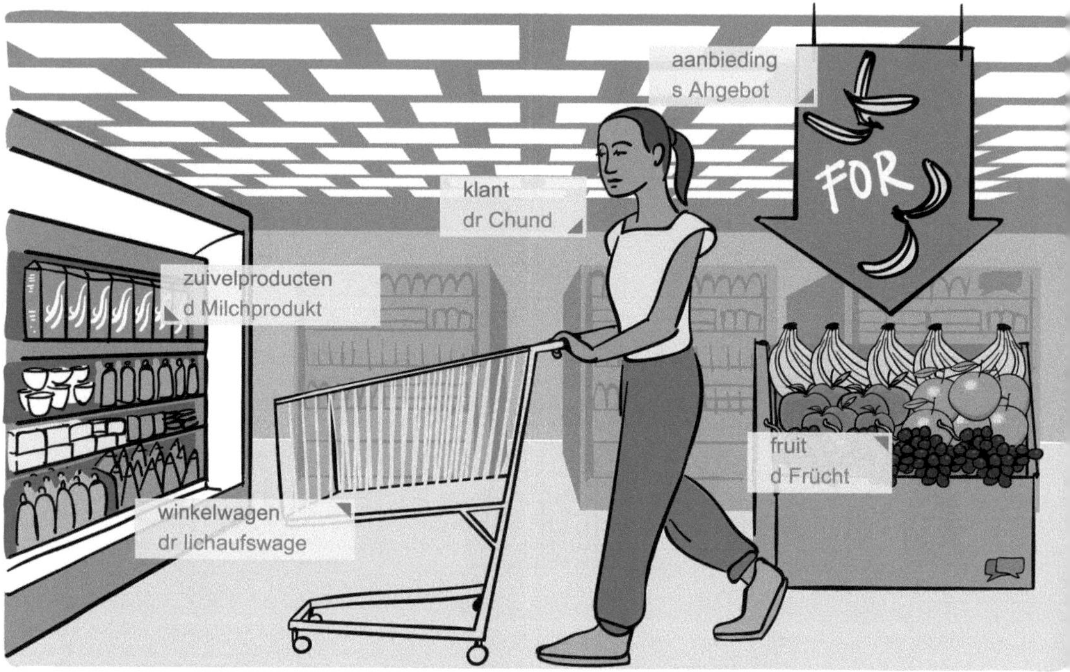

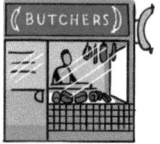

slagerij
dr Schlachter

BAKERY

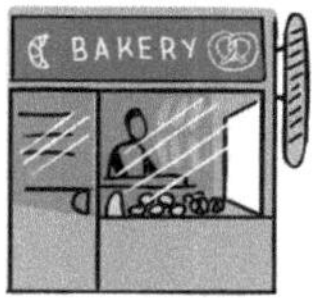

bakkerij
dr Beck

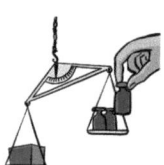

wegen
wiege

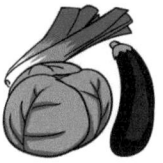

groenten
s Gmües

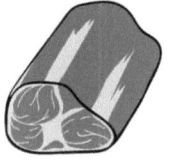

vlees
s Fleisch

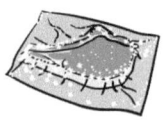

diepvriesvoedsel
d Tiefkühlprodukt

charcuterie

dr Ufschnitt

conserven

d Konsärve

waspoeder

s Wöschmittel

snoep

d Süessigkeite

huishoudproducten

d Huushaltartikel

schoonmaakproducten

s Putzmittel

verkoopster

d Verchäuferin

kassa

d Kassä

kassier

dr Kassierer

boodschappenlijstje

d Ihchaufsliste

openingstijden

d Öffnigszite

portefeuille

s Portemonnaie

kredietkaart

d Kreditkarte

tas

d Täsche

plastieken zakje

dr Plastiksack

water
s Wasser

sap
dr Saft

melk
d Milch

cola
d Cola

wijn
dr Wii

bier
s Bier

alcohol
dr Alkohol

cacao
s Ovi

thee
dr Tee

koffie
dr Kafi

espresso
dr Espresso

cappuccino
dr Cappuccino

banaan

d Banane

appel

dr Öpfel

sinaasappel

d Orange

meloen

d Melone

citroen

d Zitrone

wortel

s Rüebli

knoflook

dr chnoobli

bamboe

dr Bambus

ajuin

d Zwiblä

champignon

dr Pilz

noten

d Nüss

noodles

d Nudle

spaghetti

d Spaghetti

rijst

dr Riis

salade

dr Salat

frieten

d Pommfrit

gebakken aardappelen

d Bratherdöpfel

pizza

d Pizza

hamburger

dr Hamburgär

sandwich

s Sandwich

kalfslapje

s Gotlett

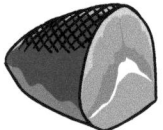

ham

dr Schinkä

salami

d Salami

worst

s Würschtli

kip

s Huehn

braden

dr Bratä

vis

dr Fisch

havervlokken

d Haferflocke

muesli

s Müesli

cornflakes

d Cornflakes

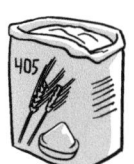

bloem

s Mähl

croissant

s Gipfeli

pistolet

s Brötli

brood

s Brot

toast

dr Toscht

koekjes

s Guetzli

boter

d Butter

kwark

dr Quark

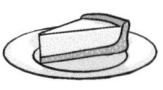

taart

dr Chueche

ei

s Ei

spiegelei

s Spiegelei

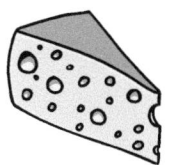

kaas

dr Chäs

ijs

d Glace

suiker

dr Zucker

honing

dr Honig

confituur

d Gonfi

choco

d Nougat-Creme

curry

s Curry

boerderij
s Buurehuus

schuur
d Schüür

strobaal
dr Strohballä

veld
s Fäld

paard
s Pferd

aanhangwagen
dr Ahänger

tractor
dr Traktor

veulen
s Fohle

ezel
dr Esel

schaap
s Schaaf

lam
s Lamm

geit

d Geiss

koe

d Chueh

kalf

s Chalb

varken

d Sau

biggetje

s Ferkel

stier

s Rind

gans

d Gans

eend

d Änte

kuiken

s Küke

kip

s Huähn

haan

dr Güggel

rat

d Ratte

kat

d Chatz

muis

d Muus

os

dr Ochse

hond

dr Hund

hondenhok

d Hundehütte

tuinslang

dr Garteschluuch

gieter

d Giesschanne

zeis

d Sägese

ploeg

dr Pflueg

sikkel

d Sichel

schoffel

d Hacke

hooivork

d Heugable

bijl

d Axt

kruiwagen

d Garette

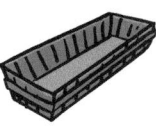

trog

dr Trog

melkkan

d Milchchanne

zak

dr Sack

hek

dr Haag

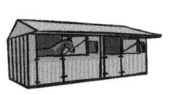

stal

dr Gadä

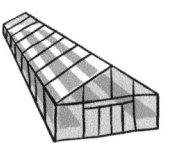

broeikas

s Gwächshuus

bodem

dr Bode

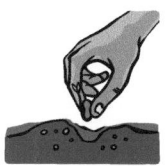

zaad

dr Soome

mest

dr Dünger

maaidorser

dr Mähdrescher

oogsten

ärnte

oogst

d Ärnte

yam

d Yamswurzle

tarwe

dr Weize

soja

s Soja

aardappel

dr Härdöpfel

maïs

dr Mais

koolzaad

dr Raps

fruitboom

dr Obstbaum

maniok

dr Maniok

graan

s Getreide

huis
s Huus

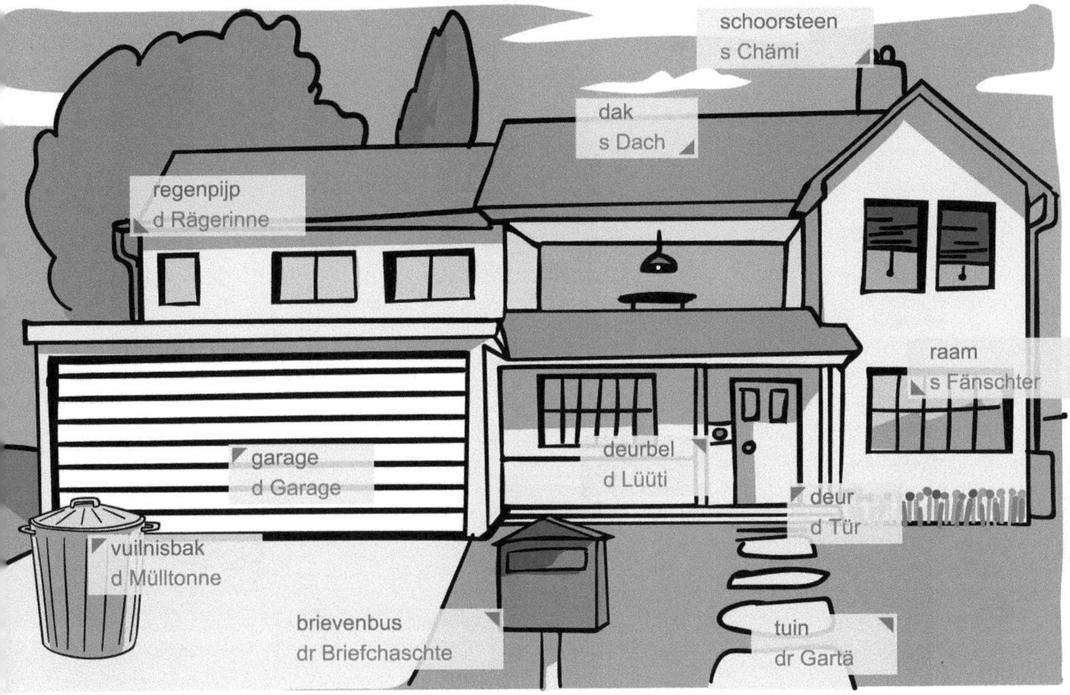

schoorsteen
s Chämi
dak
s Dach
regenpijp
d Rägerinne
raam
s Fänschter
garage
d Garage
deurbel
d Lüüti
deur
d Tür
vuilnisbak
d Mülltonne
brievenbus
dr Briefchaschte
tuin
dr Gartä

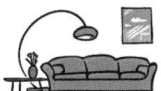

woonkamer

s Stubä

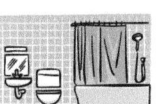

badkamer

s Badzimmer

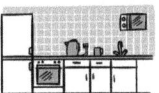

keuken

d Chuchi

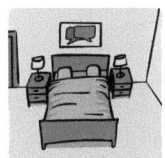

slaapkamer

s Schlofzimmer

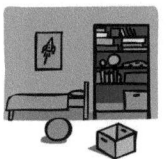

kinderkamer

s Chinderzimmer

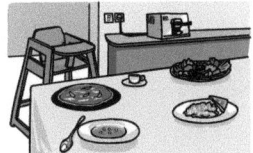

eetkamer

s Ässzimmer

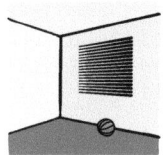

vloer
dr Bodä

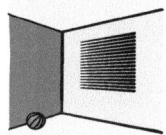

muur
d Wand

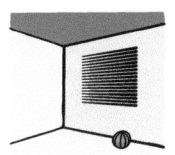

plafond
d Decki

kelder
dr Chäller

sauna
d Sauna

balkon
dr Balkon

terras
d Terasse

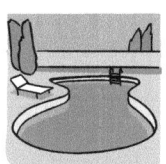

zwembad
s Pool

grasmaaier
dr Rasemäier

dekbedovertrek
dr Bettbezug

dekbed
d Bettdecki

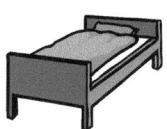

bed
s Bett

bezem
dr Bäse

emmer
dr Chübel

schakelaar
dr Schalter

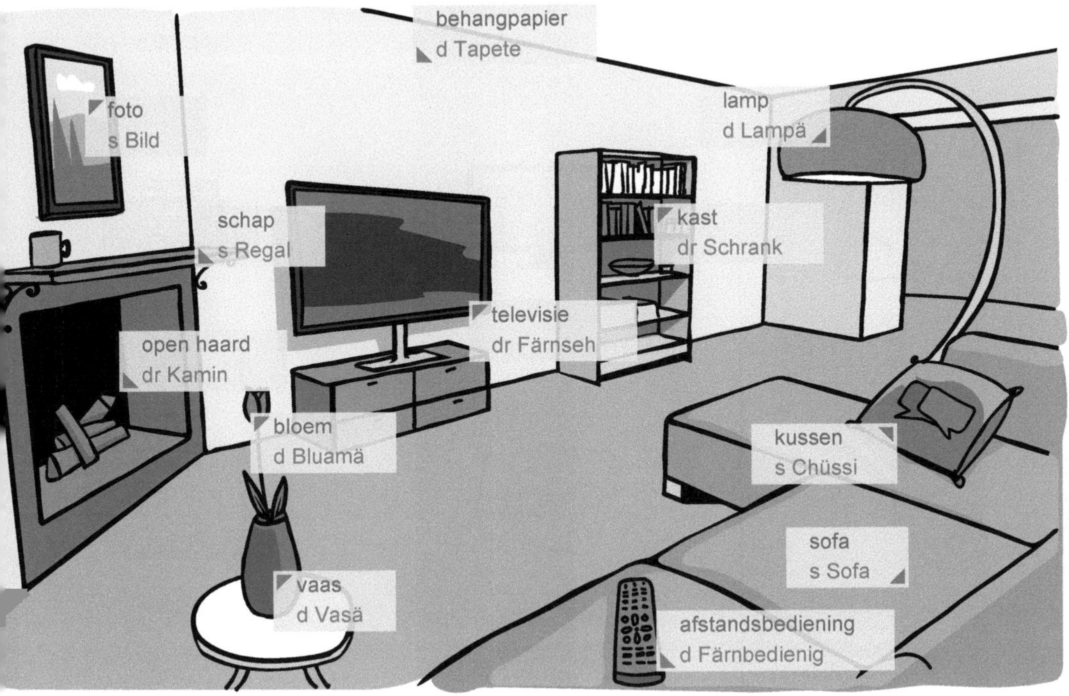

behangpapier
d Tapete

lamp
d Lampä

foto
s Bild

schap
s Regal

kast
dr Schrank

televisie
dr Färnseh

open haard
dr Kamin

bloem
d Bluamä

kussen
s Chüssi

sofa
s Sofa

vaas
d Vasä

afstandsbediening
d Färnbedienig

mat
dr Teppich

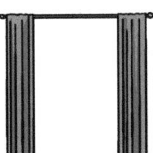

gordijn
dr Vorhang

tafel
dr Tisch

stoel
dr Stuehl

schommelstoel
dr Schaukelstuehl

fauteuil
dr Sässel

boek

s Buech

deken

d Decki

decoratie

d Dekoration

brandhout

s Füürholz

film

dr Film

stereo-installatie

d Stereoahlag

sleutel

dr Schlüssel

krant

d Ziitig

schilderij

s Bild

poster

s Poster

radio

s Radio

notitieboekje

dr Notizblock

stofzuiger

dr Staubsuuger

cactus

dr Kaktus

kaars

d Chärze

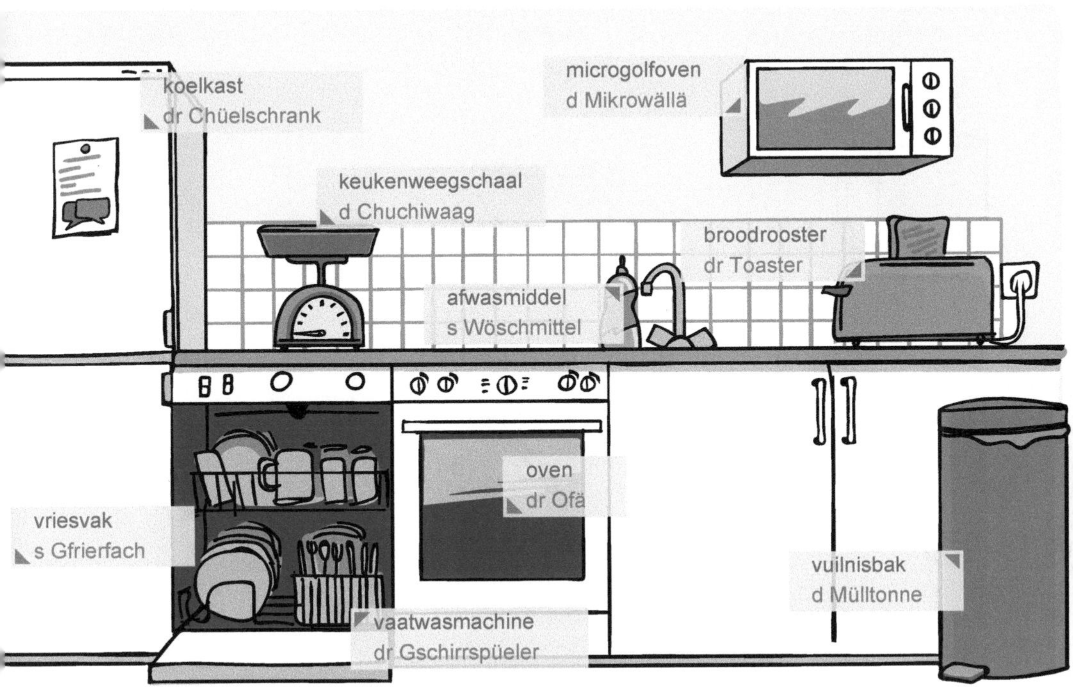

koelkast
dr Chüelschrank

microgolfoven
d Mikrowällä

keukenweegschaal
d Chuchiwaag

broodrooster
dr Toaster

afwasmiddel
s Wöschmittel

oven
dr Ofä

vriesvak
s Gfrierfach

vuilnisbak
d Mülltonne

vaatwasmachine
dr Gschirrspüeler

fornuis
dr Härd

pot
dr Topf

gietijzeren pot
dr lisetopf

wok / kadai
dr Wok / Kadai

pan
d Pfanne

waterkoker
dr Wasserchocher

stoomkoker

dr Dampfer

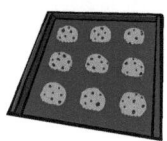

bakplaat

s Bachbläch

servies

s Gschirr

mok

dr Bächer

kom

d Schale

eetstokjes

d Stäbli

pollepel

d Suppechellä

spatel

dr Pfannewänder

garde

dr Schneebäse

vergiet

s Sieb

zeef

s Sieb

rasp

d Raffle

mortier

dr Mörser

barbecue

dr Grill

haardvuur

d Füürstell

snijplank

s Schniidbrätt

deegrol

s Nudelholz

kurkentrekker

dr Korkäzieher

blik

d Dosä

blikopener

dr Dosäöffner

pannenlap

dr Topflappä

gootsteen

s Wöschbecki

borstel

d Bürste

spons

dr Schwumm

blender

dr Mixer

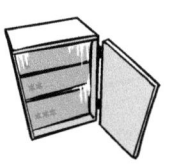

vriezer

dr Gfrierschrank

papfles

s Babyfläschli

kraan

dr Hahnä

badkamer

s Badzimmer

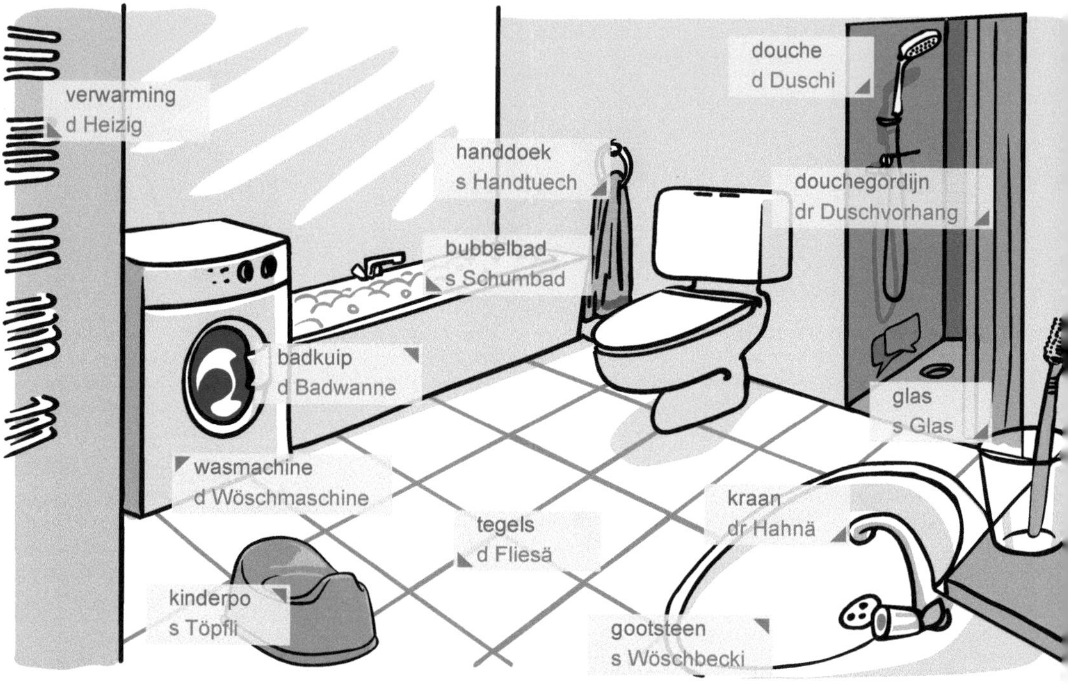
douche
d Duschi
verwarming
d Heizig
handdoek
s Handtuech
douchegordijn
dr Duschvorhang
bubbelbad
s Schumbad
badkuip
d Badwanne
glas
s Glas
wasmachine
d Wöschmaschine
kraan
dr Hahnä
tegels
d Fliesä
kinderpo
s Töpfli
gootsteen
s Wöschbecki

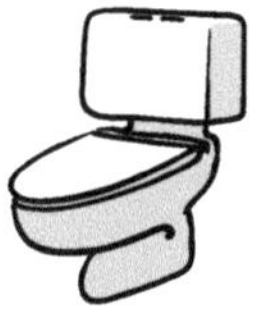

toilet

d Toilette

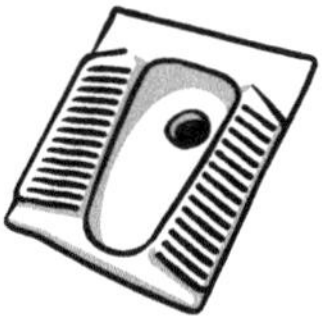

hurktoilet

s Plumpsklo

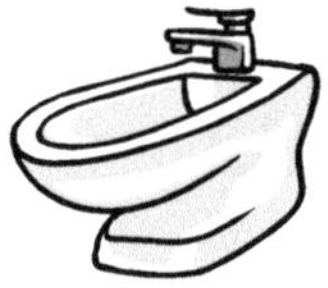

bidet

s Bidet

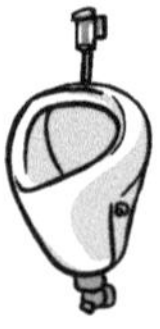

urinoir

s Pissoir

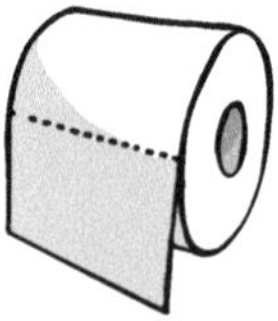

toiletpapier

ds Toilettepapier

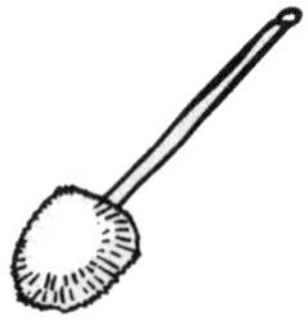

toiletborstel

d Toilettebürschteli

tandenborstel

d Zahbürstä

tandpasta

d Zahpasta

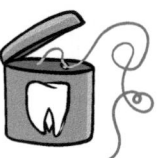

flosdraad

d Zahnsiide

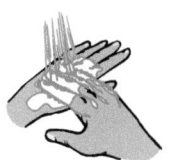

wassen

wäsche

handdouche

d Handduschi

bidethanddouche

d Intiimduschi

waskom

s Wöschbecki

rugborstel

d Ruggäbürste

zeep

d Seifä

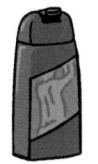

douchegel

s Duschgel

shampoo

s Shampoo

washandje

dr Waschlappä

afvoer

dr Abfluss

crème

d Creme

deodorant

s Deo

spiegel

dr Spiegel

handspiegel

dr Handspiegel

scheermes

dr Rasierer

scheerschuim

dr Rasierschuum

aftershave

s Aftershave

kam

dr Schträäl

borstel

d Bürstä

haardroger

dr Föhn

haarlak

s Hoorspray

make-up

s Makeup

lippenstift

dr Lippestift

nagellak

dr Nagellack

watten

d Wattä

nagelknipper

d Nagelscher

parfum

s Parfum

toilettas

s Necessaire

kruk

dr Schemel

weegschaal

d Waag

badjas

dr Badmantel

latex handschoenen

dr Gummihändscheh

tampon

s Tampon

maandverband

d Damebinde

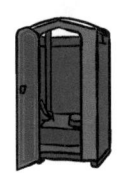

chemisch toilet

d chemischi Toilette

kinderkamer
s Chinderzimmer

wekker
dr Wecker
knuffel
s Kuscheltier
speelgoedauto
s Spielzügauto
rammelaar
d Rassle
poppenhuis
s Puppehuus
geschenk
s Gschänk

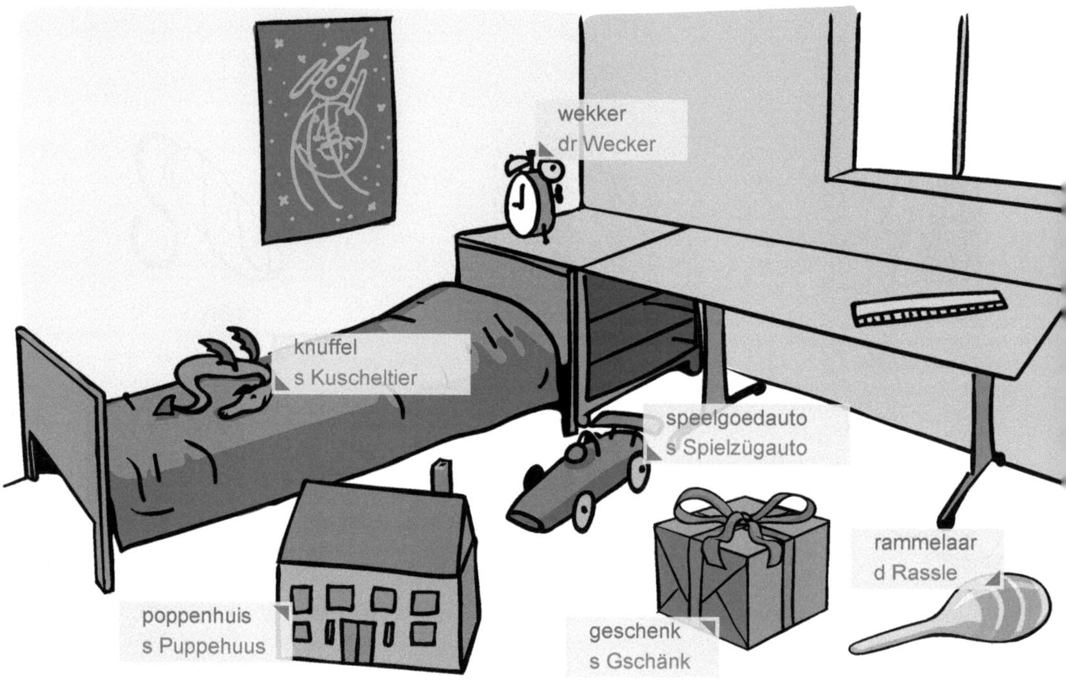

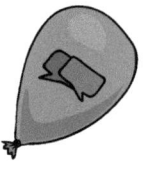

ballon

dr Ballon

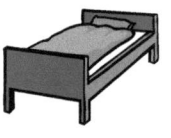

bed

s Bett

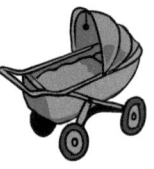

kinderwagen

dr Chinderwage

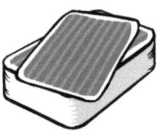

spel kaarten

s Chartespiel

puzzel

s Puzzle

SUPER MEGA

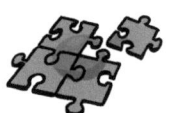

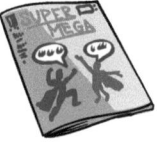

stripboek

dr Comic

legoblokjes

d Legos

blokken

d Baustei

actiefiguur

d Action Figur

kruippakje

s Strampli

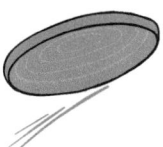

frisbee

s Frisbee

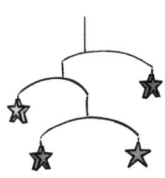

mobiel

s Mobile

bordspel

s Brättspiel

dobbelsteen

dr Würfäl

modelspoorweg

d Modellisebahn

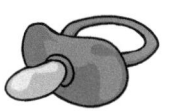

fopspeen

dr Nuggi

feest

d Party

prentenboek

s Bilderbuch

bal

dr Ball

pop

d Puppä

spelen

spiele

zandbak

dr Sandchaschte

schommel

d Gigampfi

speelgoed

s Spielzüg

spelconsole

d Videospielkonsole

driewieler

s Dreirad

knuffelbeer

dr Teddy

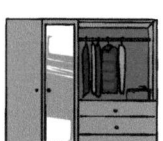

kleerkast

dr Chleiderschrank

kleding
d Chleidig

sokken

d Sockä

kousen

d Strümpf

maillot

d Strumpfhosä

sjaal
dr Schal

riem
dr Gürtel

paraplu
dr Rägeschirm

T-shirt
s T-Shirt

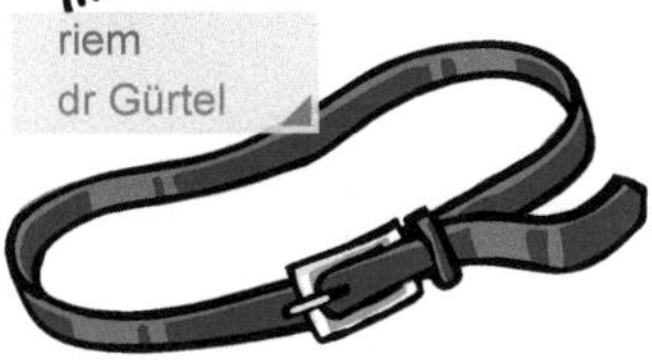

laarzen
dr Stiefel

sneakers
d Turnschueh

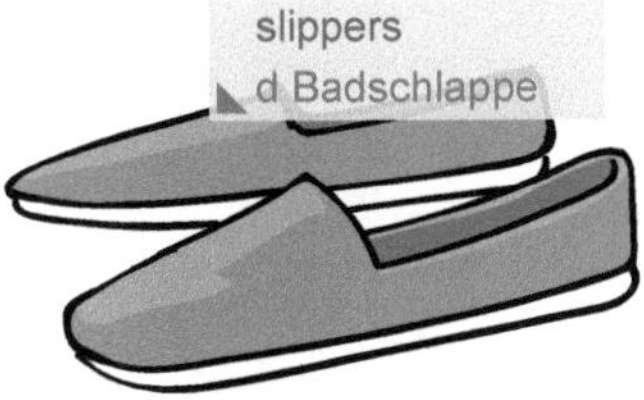

slippers
d Badschlappe

sandalen
....
d Sandalä

schoenen
....
d Schueh

rubberlaarzen
....
d Gummistiefel

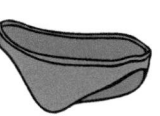

onderbroek
....
d Untrhosä

beha
....
dr BH

onderhemd
....
s Underlibli

lichaam

dr Body

broek

d Hosä

jeans

d Jeans

rok

dr Rock

blouse

d Bluse

hemd

s Hömli

trui

dr Pulli

capuchontrui

dr Kapuzepulli

blazer

dr Blazer

jas

d Jacke

jas

dr Mantel

regenjas

dr Rägämantel

kostuum

s Chostüm

jurk

s Chleid

trouwjurk

s Hochziitskleid

pak

dr Ahzug

nachthemd

s Nachthömli

pyjama

s Pyjama

sari

dr Sari

hoofddoek

s Chopftuäch

tulband

dr Turban

boerka

d Burka

kaftan

dr Kaftan

abaya

d Abaya

badpak

s Badchleid

zwembroek

d Badhose

short

d churzi Hosä

trainingspak

dr Trainer

schort

d Schürze

handschoenen

d Händsche

knoop
dr Chnopf

bril
d Brüllä

armband
s Armband

ketting
d Chetti

ring
dr Ring

oorbel
dr Ohrering

pet
d Chappe

kapstok
dr Chleiderbügel

hoed
dr Huet

das
d Grawattä

rits
dr Riissverschluss

helm
dr Helm

bretellen
dr Hosäträger

schooluniform
d Schueluniform

uniform
d Uniform

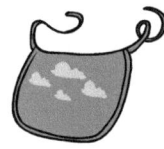

slabbetje

s Lätzli

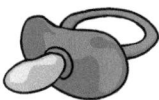

fopspeen

dr Nuggi

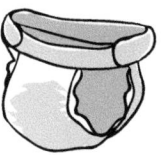

luier

d Windle

kantoor
s Büro

server
dr Server
dossierkast
dr Akteschrank
printer
dr Drucker
papier
s Papier
monitor
dr Monitor
bureau
dr Schribtisch
muis
d Muus
map
dr Ordner
toestenbord
d Taschtatur
stoel
dr Stuehl
papiermand
dr Papierchorb
computer
dr Computer

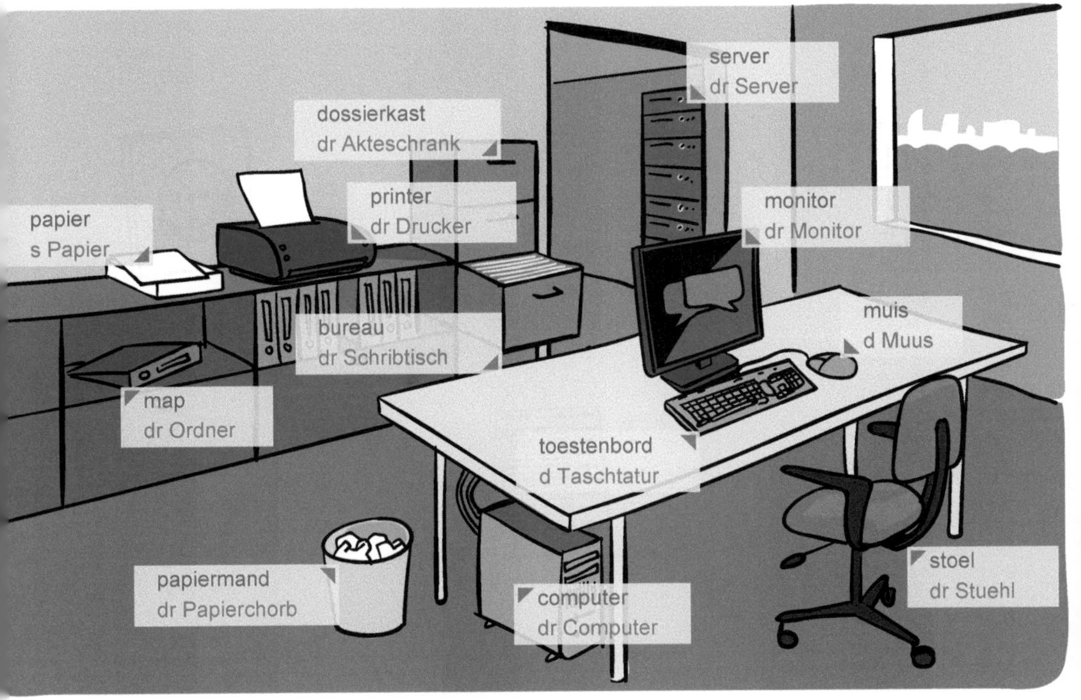

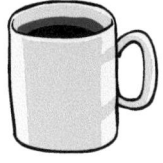

koffiemok

dr Kafibächer

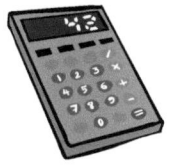

rekenmachine

dr Tascherächner

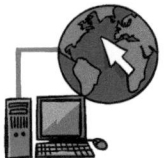

internet

s Internet

laptop
dr Laptop

brief
dr Brief

bericht
d Nochricht

gsm
s Mobiltelefon

netwerk
s Netzwärk

kopieerapparaat
dr Kopierer

software
d Software

telefoon
s Telefon

stopcontact
d Steckdosä

fax
s Fax

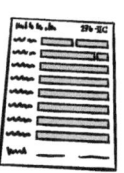

formulier
s Formular

document
s Dokumänt

kopen

chaufe

betalen

zahle

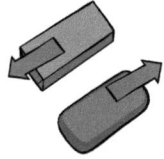

handelen

handle

geld

s Gäld

dollar

dr Dollar

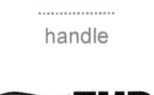

euro

dr Euro

yen

dr Yen

roebel

dr Rubel

Zwitserse frank

dr Frankä

Chinese renminbi

dr Renminbi Yuan

roepie

d Rupie

geldautomaat

dr Gäldautomat

wisselkantoor

d Wächselstube

goud

s Gold

zilver

s Silber

olie

s Öl

energie

d Energie

prijs

dr Preis

contract

dr Vertrag

belasting

d Stüür

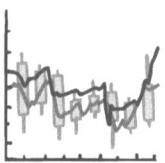

aandeel

d Aktie

werken

schaffe

werknemer

dr Mitarbeiter

werkgever

dr Arbeitgeber

fabriek

d Fabrik

winkel

s Gschäft

beroepen
d Brüef

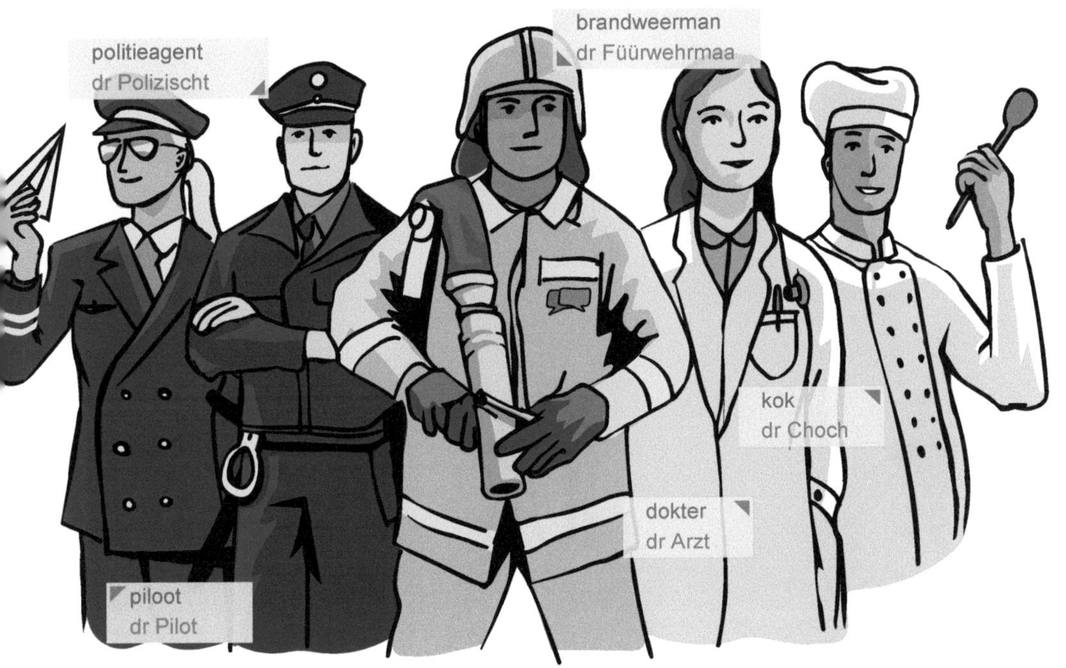

politieagent
dr Polizischt
brandweerman
dr Füürwehrmaa
kok
dr Choch
dokter
dr Arzt
piloot
dr Pilot

tuinman

dr Gärtner

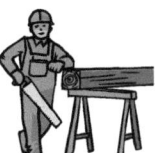

timmerman

dr Zimmermah

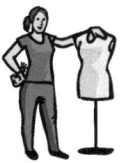

naaister

d Näheri

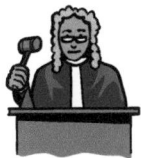

rechter

dr Richter

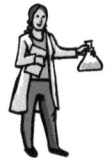

chemicus

dr Chemiker

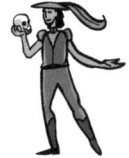

acteur

dr Darsteller

buschauffeur

dr Busfahrer

taxichauffeur

dr Taxifahrer

visser

dr Fischer

schoonmaakster

d Putzfrau

dakdekker

dr Dachdecker

ober

dr Chällner

jager

dr Jäger

schilder

dr Moler

bakker

dr Bäcker

elektricien

dr Elektriker

bouwvakker

dr Bauarbeiter

ingenieur

dr Ingenieur

slager

dr Schlachter

loodgieter

dr Klämpner

postbode

dr Pöschtler

soldaat

dr Soldat

architect

dr Architekt

kassier

dr Kassierer

bloemist

dr Florischt

kapper

dr Frisör

conducteur

dr Kontrolleur

mecanicien

dr Mechaniker

kapitein

dr Kapitän

tandarts

dr Zahnarzt

wetenschapper

dr Wüsseschaftler

rabbijn

dr Rabbi

imam

dr Imam

monnik

dr Mönch

geestelijke

dr Pfarrer

werktuigen
d Werkzüüg

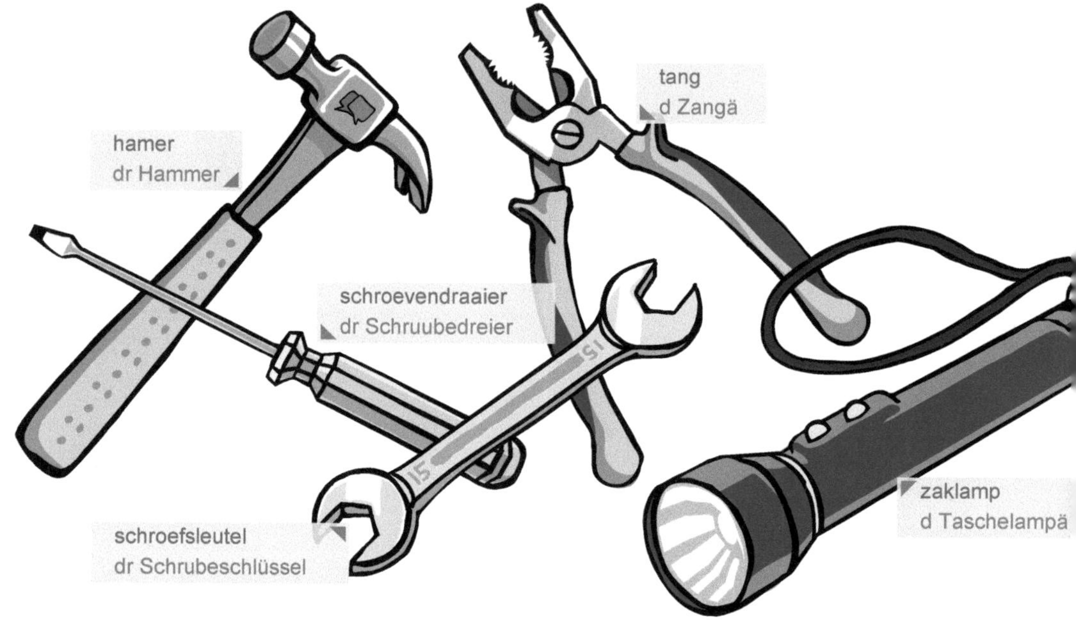
tang
d Zangä
hamer
dr Hammer
schroevendraaier
dr Schruubedreier
zaklamp
d Taschelampä
schroefsleutel
dr Schrubeschlüssel

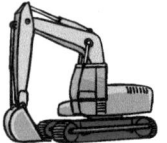

graafmachine

dr Bagger

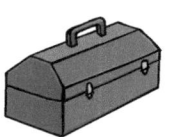

gereedschapskoffer

dr Werkzüügchaschte

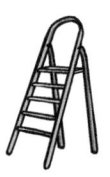

ladder

d Leitere

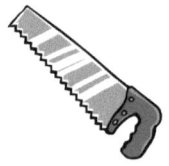

zaag

d Sagi

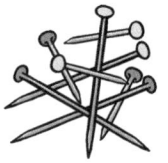

spijkers

d Negel

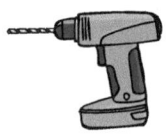

boormachine

dr Bohrer

repareren

flicke

schop

d Schufle

Verdomme!

Mischt!

blik

d Ascheschufle

verfpot

dr Farbchübel

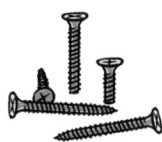

schroeven

d Schruube

muziekinstrumenten
d Musiginstrumänt

drumstel
s Schlagzüüg

luidspreker
dr Luutsprächer

gitaar
d Gitarre

contrabas
dr Kontrabass

trompet
d Trompetä

piano

s Klavier

viool

d Violine

basgitaar

dr Bass

pauk

d Pauke

trommels

d Trummle

keyboard

s Keyboard

saxofoon

s Saxophon

fluit

d Flöte

microfoon

s Mikrofon

muziekinstrumenten - d Musiginstrumänt

ZOO
dr Zolli

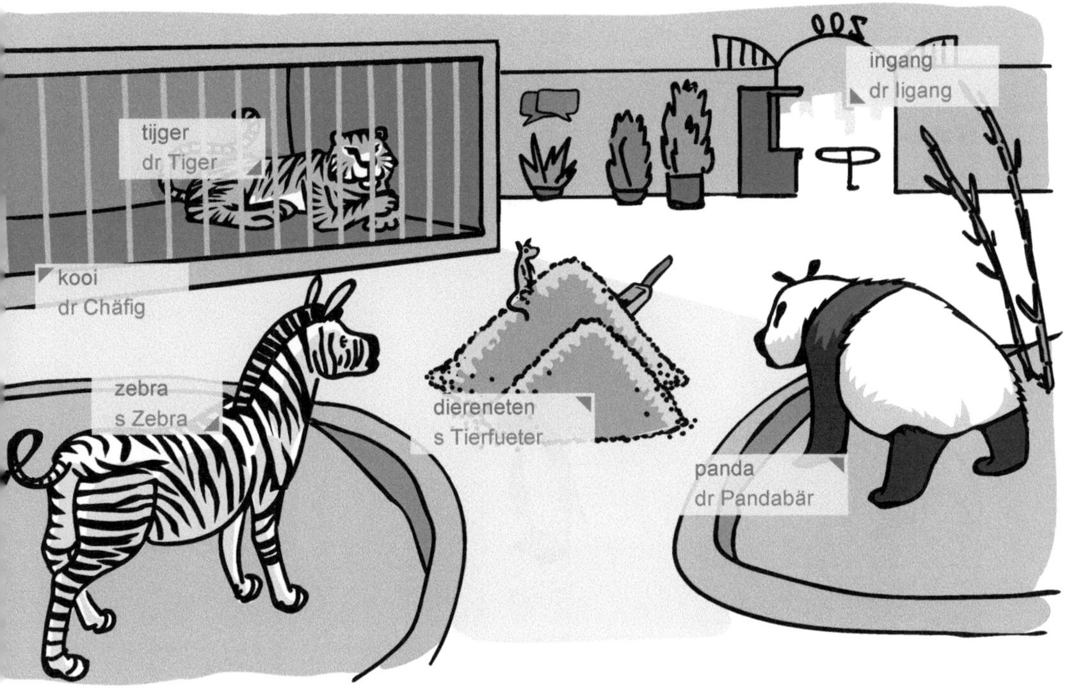
ZOO
ingang
dr Iigang
tijger
dr Tiger
kooi
dr Chäfig
zebra
s Zebra
diereneten
s Tierfueter
panda
dr Pandabär

dieren

d Tier

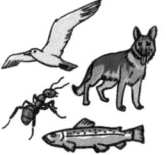

olifant

dr Elefant

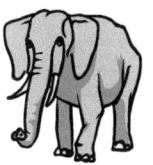

kangoeroe

s Känguru

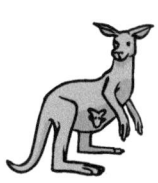

neushoorn

s Nashorn

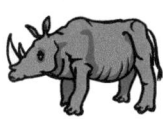

gorilla

dr Gorilla

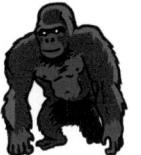

beer

dr Bär

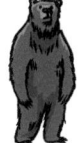

kameel

s Kamel

struisvogel

dr Struss

leeuw

dr Leu

aap

dr Aff

flamingo

dr Flamingo

papegaai

dr Papagei

ijsbeer

dr Iisbär

pinguïn

dr Pinguin

haai

dr Hai

pauw

dr Pfau

slang

d Schlangä

krokodil

s Krokodil

dierenverzorger

dr Zoowärter

zeehond

d Robbä

jaguar

dr Jaguar

pony

s Pony

luipaard

dr Leopard

nijlpaard

s Nilpfärd

giraffe

d Giraff

adelaar

dr Adler

wild zwijn

s Wildschwein

vis

dr Fisch

zeeschildpad

d Schildkrot

walrus

s Walross

vos

dr Fuchs

gazelle

d Gazelle

sporten
dr Sport

rugby
s American Football

wielrennen
s Velofahre

tennis
s Tennis

basketbal
dr Basketball

zwemmen
s Schwümmä

boksen
s Boxä

ijshockey
s Ishockey

voetbal
dr Fuessball

badminton
s Badminton

atletiek
d Liechtathletik

handbal
dr Handball

skiën
s Skifahre

polo
s Polo

activiteiten
d Aktivitäte

lachen
lachä
springen
springä
knuffelen
umarme
wandelen
gah
zingen
singe
dromen
troime
bidden
bätte
kussen
küssä

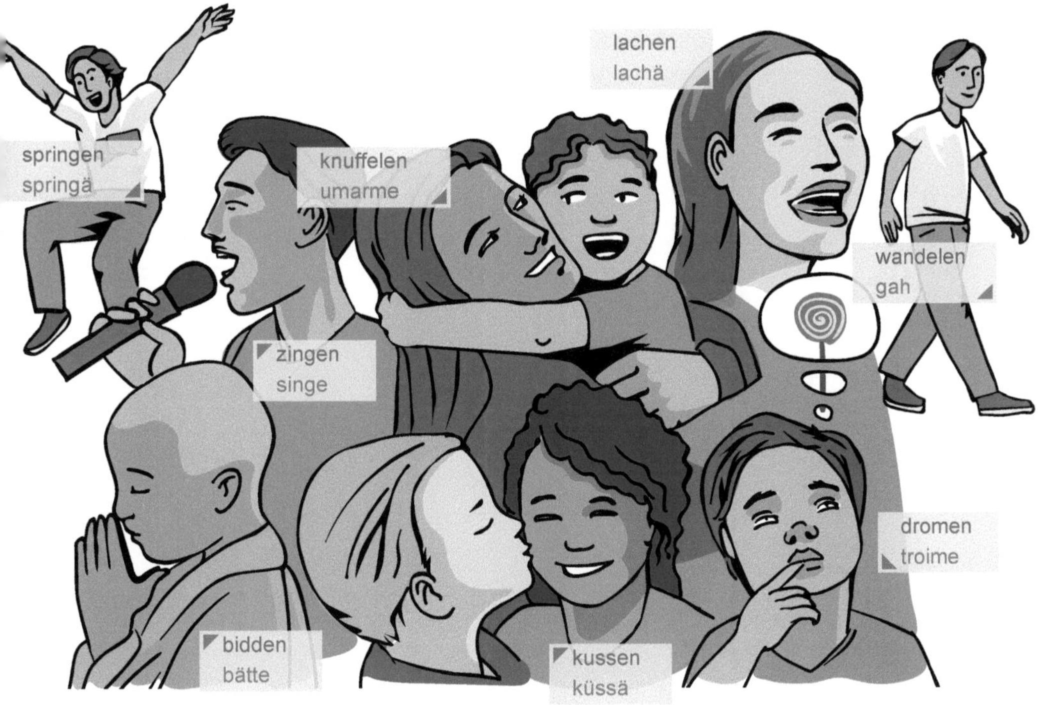

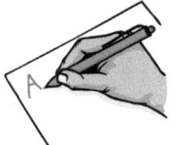

schrijven
schribe

tekenen
zeichne

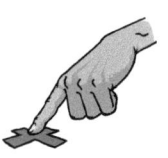

tonen
zeige

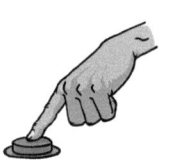

duwen
schiebe

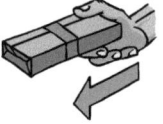

geven
gäh

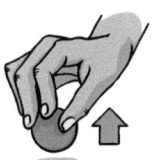

nemen
näh

hebben
....
händ

doen
....
mache

zijn
....
sy

staan
....
stah

lopen
....
laufe

trekken
....
zieh

gooien
....
rüerä

vallen
....
fallä

liggen
....
ligge

wachten
....
warte

dragen
....
träge

zitten
....
sitze

aankleden
....
ahzieh

slapen
....
schlafe

ontwaken
....
ufwache

kijken naar

ahluege

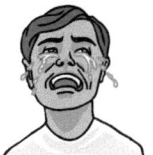

wenen

brüele

aaien

striichle

kammen

bürste

praten

redä

begrijpen

verschtah

vragen

froog

luisteren

lose

drinken

trinke

eten

ässe

opruimen

ufruume

houden van

liebe

koken

chochä

rijden

fahre

vliegen

flüge

zeilen
segle

rekenen
rächne

Lezen
läse

leren
leerä

werken
schaffe

trouwen
hürate

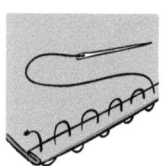

naaien
näije

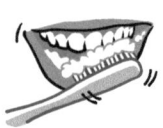

tandenpoetsen
Zäh putze

doden
töte

roken
schlootä

sturen
sände

grootmoeder
Grossmuetter

grootvader
dr Grossvater

vader
dr Vatter

moeder
d Muetter

baby
s Baby

dochter
d Tochter

zoon
dr Sohn

gast

dr Gast

tante

d Tante

oom

dr Unkel

broer

dr Brüeder

zus

d Schwöschter

lichaam
dr Körpär

voorhoofd
d Stirn
oog
ds Aug
schouder
d Schultere
vinger
dr Fingär
gezicht
s Gsicht
kin
s Chüni
hand
d Hand
been
s Bei
borst
d Bruscht
arm
dr Arm

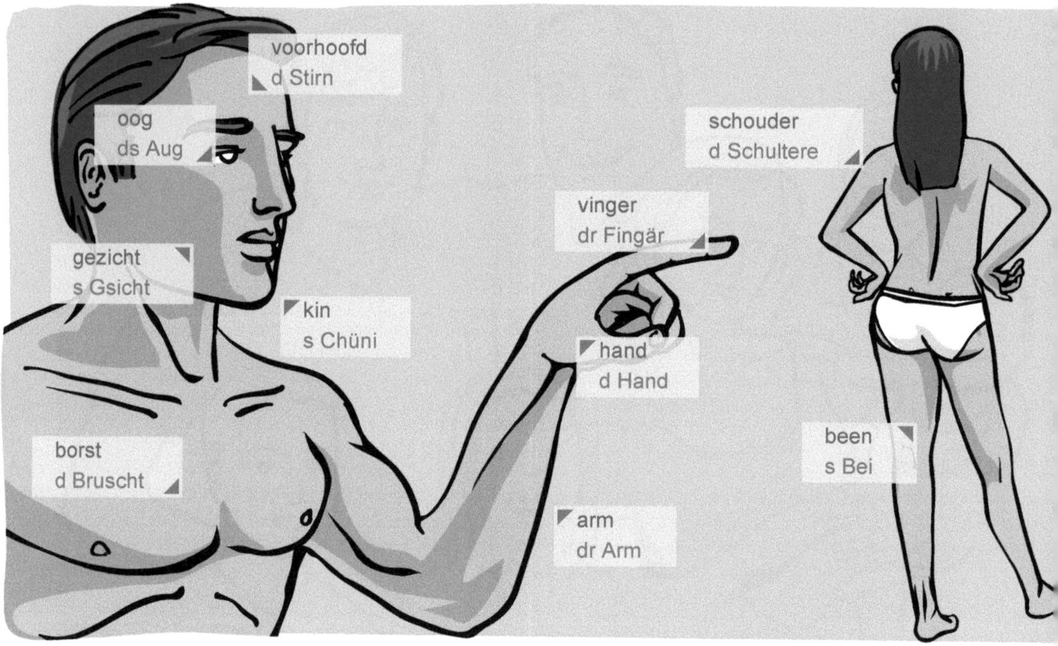

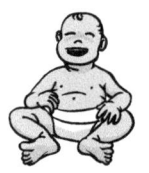

baby

s Baby

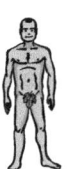

man

dr Mah

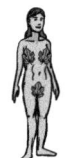

vrouw

d Frau

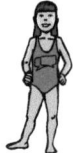

meisje

s Meitli

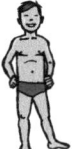

jongen

dr Bueb

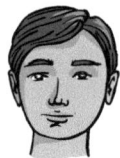

hoofd

dr Chopf

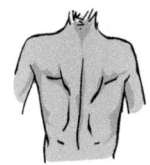

rug
....
dr Ruggä

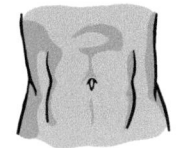

buik
....
dr Buuch

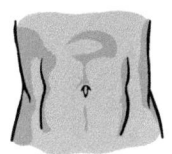

navel
....
dr Buchnabel

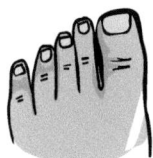

teen
....
dr Zäche

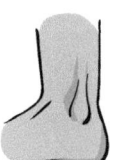

hiel
....
d Fersä

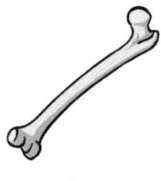

bot
....
d Knoche

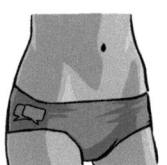

heup
....
d Hüfte

knie
....
s Chnü

elleboog
....
dr Ellbogä

neus
....
d Nase

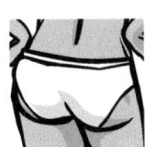

zitvlak
....
s Füdli

huid
....
d Hut

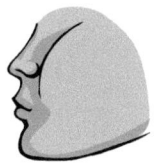

wang
....
d Bagge

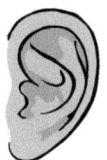

oor
....
s Ohr

lip
....
d Lippe

mond
s Muul

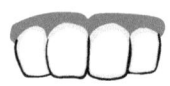

tand
dr Zah

tong
d Zungä

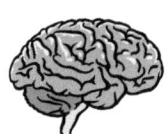

hersenen
s Hirni

hart
s Härz

spier
dr Muskel

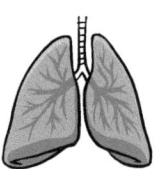

long
d Lungä

lever
d Läberä

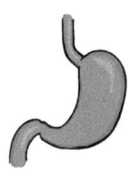

maag
dr Magen

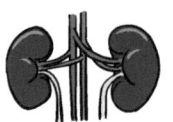

nieren
d Nierä

seks
dr Gschlächtsvrkehr

condoom
s Kondom

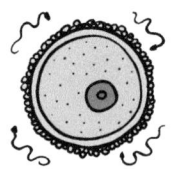

eicel
d Eizälle

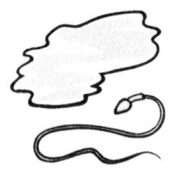

sperma
dr Soome

zwangerschap
d Schwangerschaft

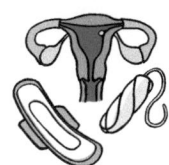

menstruatie

d Menstruation

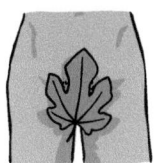

vagina

d Vagina

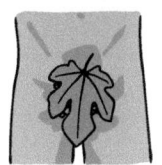

penis

dr Penis

wenkbrauw

d Augebrauä

haar

s Haar

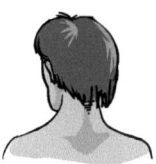

nek

dr Hals

ziekenhuis
s Spital

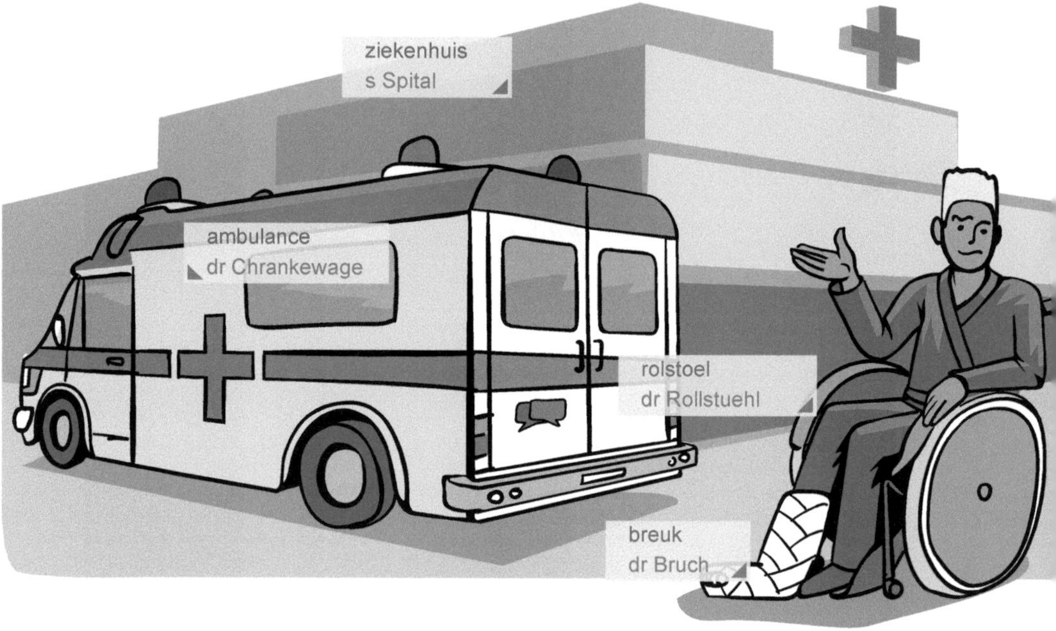

ziekenhuis
s Spital
ambulance
dr Chrankewage
rolstoel
dr Rollstuehl
breuk
dr Bruch

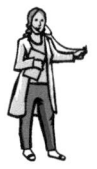

dokter

dr Arzt

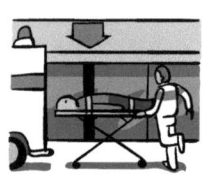

spoed

d Notufnahm

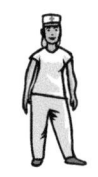

verpleegkundige

d Chrankeschwöschter

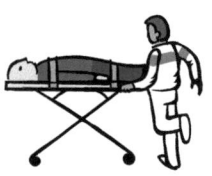

noodgeval

dr Notfall

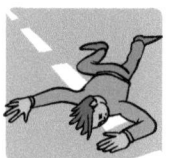

bewusteloos

ohnmächtig

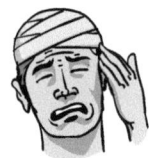

pijn

dr Schmärz

verwonding

d Verletzig

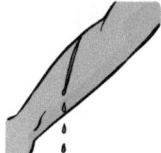

bloeding

d Bluätig

hartaanval

dr Härzinfarkt

beroerte

dr Schlagahfall

allergie

d Allergie

hoest

dr Hueschtä

koorts

s Fieber

griep

d Grippe

diarree

dr Durchfall

hoofdpijn

d Kopfschmärze

kanker

dr Kräbs

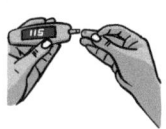

diabetes

dr Diabetes

chirurg

dr Chirurg

scalpel

s Skalpell

operatie

d Operation

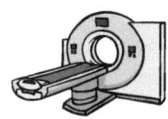

CT

s CT

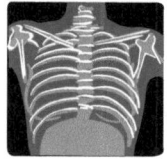

röntgenstraal

s Röntgä

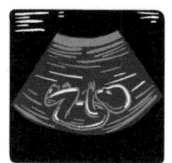

ultrageluid

s Ultraschall

gezichtsmasker

d Gsichtsmaske

ziekte

d Krankhet

wachtkamer

s Wartezimmer

kruk

d Krückä

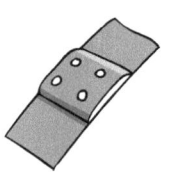

pleister

s Pflaster

verband

dr Vrband

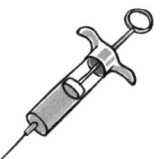

injectie

d Injektion

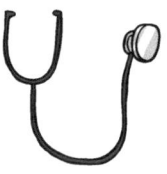

stethoscoop

s Stethoskop

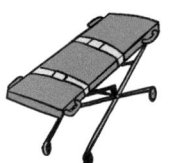

brancard

d Trage

thermometer

s Thermometer

geboorte

d Geburt

overgewicht

s Übergwicht

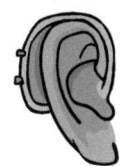

hoorapparaat

s Hörgrät

ontsmettingsmiddel

s Desinfektionsmittel

infectie

d Infektion

virus

s Virus

HIV / AIDS

s HIV / AIDS

medicijn

d Medizin

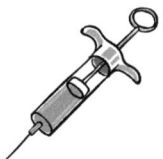

vaccinatie

d Impfig

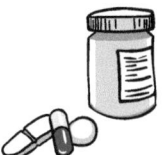

tabletten

d Tablette

pil

d Pille

noodoproep

dr Notruef

bloeddrukmeter

s Bluetdruck-Mässgrät

ziek / gezond

chrank / gsund

ziekenhuis - s Spital

Help!	alarm	overval
Hiufe!	dr Alarm	dr Überfall

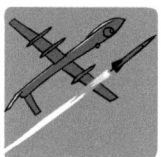		
aanval	gevaar	nooduitgang
dr Ahgriff	d Gfohr	dr Notuusgang

Brand!	brandblusser	ongeval
Füür!	dr Füürlöscher	dr Unfall

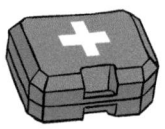		
EHBO-kit	SOS	politie
dr Ersti-Hilf-Koffer	SOS	d Polizei

Europa

s Europa

Noord-Amerika

s Nordamerika

Zuid-Amerika

s Südamerika

Afrika

s Afrika

Azië

s Asie

Australië

s Auschtralie

Atlantische Oceaan

dr Atlantik

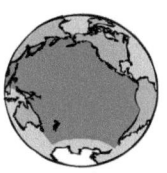

Stille Oceaan

dr Pazifik

Indische Oceaan

dr Indische Ozean

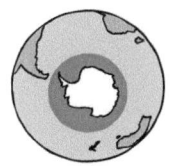

Antarctische Oceaan

dr Antarktische Ozean

Arctische Oceaan

dr Arktische Ozean

Noordpool

dr Nordpol

Zuidpool

dr Südpol

Antarctica

d Antarktis

aarde

d Ärde

land

s Land

zee

s Meer

eiland

d Inslä

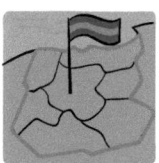

natie

d Nation

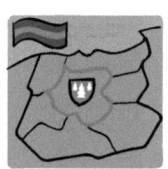

staat

dr Staat

wijzerplaat

s Ziffereblatt

uurwijzer

dr Stundezeiger

minuutwijzer

dr Minutezeiger

secondewijzer

dr Sekundezeiger

Hoe laat is het?

Wie spaht isch es?

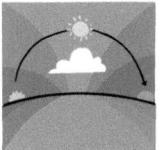

dag

dr Tag

tijd

d Zit

nu

jetzt

digitale horloge

d Digitaluhr

minuut

d Minute

uur

d Stunde

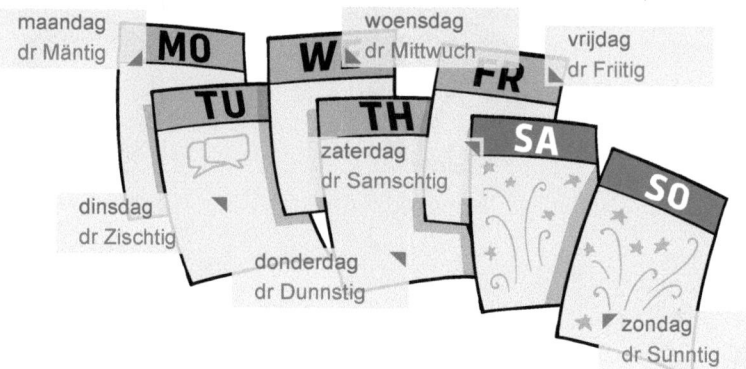

maandag
dr Mäntig

woensdag
dr Mittwuch

vrijdag
dr Friitig

dinsdag
dr Zischtig

zaterdag
dr Samschtig

donderdag
dr Dunnstig

zondag
dr Sunntig

gisteren

geschter

vandaag

hüt

morgen

morn

ochtend

dr Morgä

middag

dr Mittag

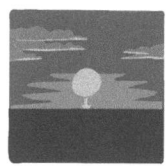

avond

dr Aabig

werkdagen

d Wärktag

weekend

s Wuchenänd

jaar

s Johr

regen
dr Räge
regenboog
dr Rägeboge
sneeuw
dr Schnee
wind
dr Wind
lente
dr Früelig
herfst
dr Herbscht
zomer
dr Summer
winter
dr Winter

4.APRIL 11°
5.APRIL 4°
6.APRIL 13°
7.APRIL 8°
8.APRIL 10°

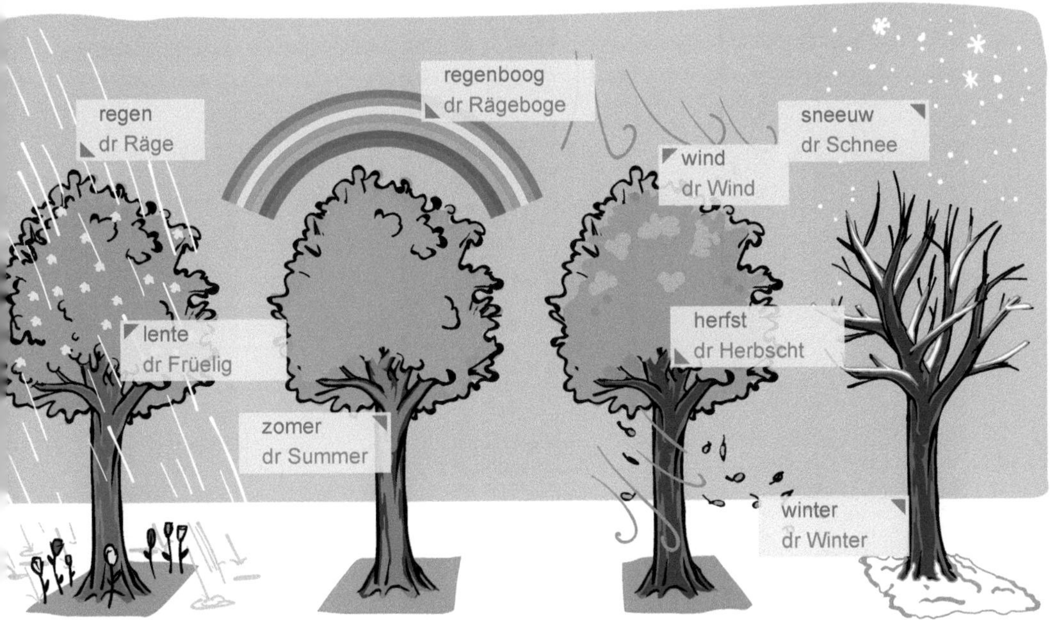

weervoorspelling

d Wättervorhärsag

F
C
120
90
60
30
0
-30
40
30
20
10
0
-10
-20

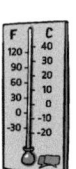

thermometer

s Thermometer

zonneschijn

dr Sunneschiin

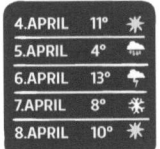

wolk

d Wolkä

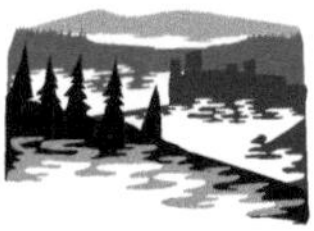

mist

d Näbel

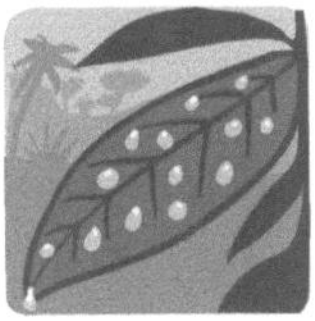

vochtigheid

d Fiechtigkeit

bliksem

dr Blitz

donder

dr Dunner

storm

dr Sturm

hagel

d Hagel

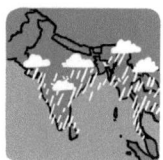

moesson

dr Monsun

overstroming

d Fluet

ijs

s Iis

januari

dr Januar

februari

dr Februar

maart

dr März

april

dr April

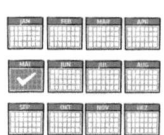

mei

dr Mai

juni

dr Juni

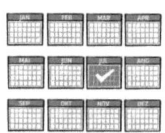

juli

dr Juli

augustus

dr Auguscht

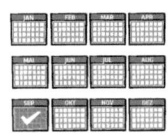

september
....
dr Septämber

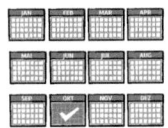

oktober
....
dr Oktober

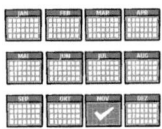

november
....
dr Novämber

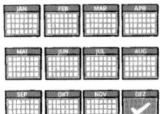

december
....
dr Dezämber

vormen
d Forme

cirkel
....
dr Kreis

kwadraat
....
s Quadrat

rechthoek
....
s Rächteck

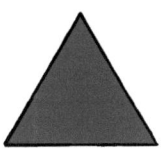

driehoek
....
s Dreieck

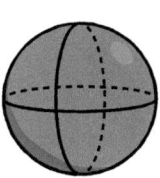

bol
....
d Chugele

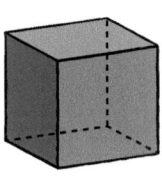

kubus
....
dr Würfel

kleuren
d Farbä

wit

wiss

geel

gäl

oranje

orange

roze

pink

rood

rot

paars

liila

blauw

blau

groen

grüen

bruin

bruun

grijs

grau

zwart

schwarz

veel / weinig

viel / wenig

boos / kalm

hässig / ruhig

mooi / lelijk

hübsch / hässlich

begin / einde

dr Ahfang / s Ändi

groot / klein

gross / chli

licht / donker

hell / dunkel

broer / zus

Brüeder / d Schwöschter

proper / vuil

suuber / dräckig

volledig / onvolledig

vollständig / unvollständig

dag / nacht

dr Tag / d Nacht

dood / levend

tot / läbig

breed / smal

breit / schmal

eetbaar / oneetbaar

ässbar / nid ässbar

kwaadaardig / vriendelijk

bös / fründlich

opgewonden / verveeld

uffreggt / glangwilt

dik / dun

dick / dünn

eerst / laatst

zerscht / zletscht

vriend / vijand

dr Fründ / dr Find

vol / leeg

voll / läär

hard / zacht

hart / weich

zwaar / licht

schwer / liecht

honger / dorst

dr Hunger / dr Durscht

ziek / gezond

chrank / gsund

illegaal / legaal

illegal / legal

intelligent / dom

intelligänt / gatz

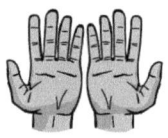

links / rechts

links / rächts

dichtbij / veraf

nöch / wiit weg

nieuw / gebruikt

neu / bruucht

niets / iets

nüt / öpis

oud / jong

alt / jung

aan / uit

ah / uss

open / dicht

offe / zue

stil / luid

lislig / luut

rijk / arm

riich / arm

juist / fout

richtig / falsch

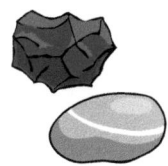

ruw / glad

rau / glatt

droevig / blij

truurig / glücklich

kort / lang

churz / lang

traag / snel

langsam / schnäll

nat / droog

nass / trochä

warm / koud

warm / chalt

oorlog / vrede

dr Chrieg / dr Friede

0	**1**	**2**
nul	één	twee
Null	eis	zwei

3	**4**	**5**
drie	vier	vijf
drü	vier	foif

6	**7**	**8**
zes	zeven	acht
sächs	sibe	acht

9	**10**	**11**
negen	tien	elf
nün	zäh	elf

12

twaalf
zwölf

13

dertien
drizäh

14

veertien
vierzäh

15

vijftien
füfzäh

16

zestien
sächzäh

17

zeventien
siebzäh

18

achtien
achtzäh

19

negentien
nünzäh

20

twintig
zwänzg

100

honderd
Hundert

1.000

duizend
Tuusig

1.000.000

miljoen
Million

Engels

Änglisch

Amerikaans Engels

Amerikanischs Änglisch

Chinees (Mandarijn)

Chinesisch Mandarin

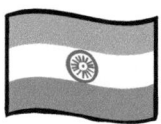

Hindi

Hindi

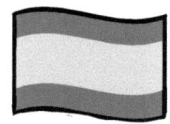

Spaans

Spanisch

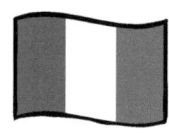

Frans

Französisch

Arabisch

Arabisch

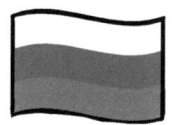

Russisch

Russisch

Portugees

Portugiesisch

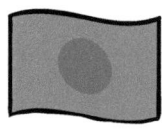

Bengali

Bengalisch

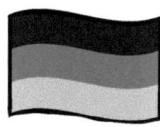

Duits

Dütsch

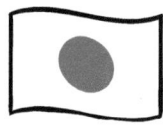

Japans

Japanisch

ik

ich

u

du

♂ ♀ ○

hij / zij / het

är / sie / es

wij

mir

u

ihr

ze

sie

wie?

wär?

wat?

was?

hoe?

wie?

waar?

wo?

wanneer?

wänn?

naam

Name

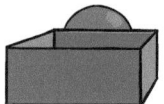

achter

hinder

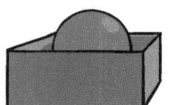

in

in

voor

vor

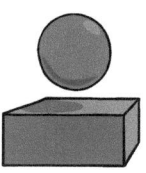

boven

über

op

uf

onder

under

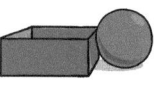

naast

näbe

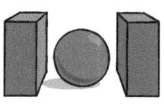

tussen

zwüsche

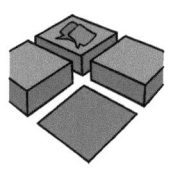

plaats

dr Ort